中华人民共和国反间谍法
涉及国家安全事项的
建设项目许可管理规定

中国法治出版社

中华人民共和国反间谍法
涉及国家安全事项的建设项目许可管理规定
ZHONGHUA RENMIN GONGHEGUO FANJIANDIEFA
SHEJI GUOJIA ANQUAN SHIXIANG DE JIANSHE XIANGMU XUKE GUANLI GUIDING

经销/新华书店
印刷/保定市中画美凯印刷有限公司
开本/850 毫米×1168 毫米 32 开　　印张/1.25 字数/16 千
版次/2025 年 2 月第 1 版　　2025 年 2 月第 1 次印刷

中国法治出版社出版
书号 ISBN 978-7-5216-5032-7　　定价：6.00 元

北京市西城区西便门西里甲 16 号西便门办公区
邮政编码：100053　　传真：010-63141600
网址：http：//www.zgfzs.com　　**编辑部电话：010-63141673**
市场营销部电话：010-63141612　　**印务部电话：010-63141606**

（如有印装质量问题，请与本社印务部联系。）

目　录

中华人民共和国反间谍法 ………………………………（1）
涉及国家安全事项的建设项目许可管理规定 ……（23）

中华人民共和国反间谍法

（2014 年 11 月 1 日第十二届全国人民代表大会常务委员会第十一次会议通过　2023 年 4 月 26 日第十四届全国人民代表大会常务委员会第二次会议修订　2023 年 4 月 26 日中华人民共和国主席令第 4 号公布　自 2023 年 7 月 1 日起施行）

目　　录

第一章　总　　则
第二章　安全防范
第三章　调查处置
第四章　保障与监督
第五章　法律责任
第六章　附　　则

第一章　总　　则

第一条　为了加强反间谍工作，防范、制止和惩治间谍行为，维护国家安全，保护人民利益，根据宪法，制定本法。

第二条　反间谍工作坚持党中央集中统一领导，坚持总体国家安全观，坚持公开工作与秘密工作相结合、专门工作与群众路线相结合，坚持积极防御、依法惩治、标本兼治，筑牢国家安全人民防线。

第三条　反间谍工作应当依法进行，尊重和保障人权，保障个人和组织的合法权益。

第四条　本法所称间谍行为，是指下列行为：

（一）间谍组织及其代理人实施或者指使、资助他人实施，或者境内外机构、组织、个人与其相勾结实施的危害中华人民共和国国家安全的活动；

（二）参加间谍组织或者接受间谍组织及其代理人的任务，或者投靠间谍组织及其代理人；

（三）间谍组织及其代理人以外的其他境外机构、组织、个人实施或者指使、资助他人实施，或者境内机构、组织、个人与其相勾结实施的窃取、刺探、收买、非法提供国家秘密、情报以及其他关系国家安全和利益的文件、数据、资料、物品，或者策动、引诱、胁迫、收买国家工作人员叛变的活动；

（四）间谍组织及其代理人实施或者指使、资助他人实施，或者境内外机构、组织、个人与其相勾结实施针对国家机关、涉密单位或者关键信息基础设施等的网络攻击、侵入、干扰、控制、破坏等活动；

（五）为敌人指示攻击目标；

（六）进行其他间谍活动。

间谍组织及其代理人在中华人民共和国领域内，或者利用中华人民共和国的公民、组织或者其他条件，从事针对第三国的间谍活动，危害中华人民共和国国家安全的，适用本法。

第五条 国家建立反间谍工作协调机制，统筹协调反间谍工作中的重大事项，研究、解决反间谍工作中的重大问题。

第六条 国家安全机关是反间谍工作的主管机关。

公安、保密等有关部门和军队有关部门按照职责分工，密切配合，加强协调，依法做好有关工作。

第七条 中华人民共和国公民有维护国家的安全、荣誉和利益的义务，不得有危害国家的安全、荣誉和利益的行为。

一切国家机关和武装力量、各政党和各人民团体、企业事业组织和其他社会组织，都有防范、制止间谍行为，维护国家安全的义务。

国家安全机关在反间谍工作中必须依靠人民的支持，动员、组织人民防范、制止间谍行为。

第八条 任何公民和组织都应当依法支持、协助反间谍工作，保守所知悉的国家秘密和反间谍工作秘密。

第九条 国家对支持、协助反间谍工作的个人和组织给予保护。

对举报间谍行为或者在反间谍工作中做出重大贡献的个人和组织，按照国家有关规定给予表彰和奖励。

第十条 境外机构、组织、个人实施或者指使、资助他人实施的，或者境内机构、组织、个人与境外机构、组织、个人相勾结实施的危害中华人民共和国国家安全的间谍行为，都必须受到法律追究。

第十一条 国家安全机关及其工作人员在工作中，应当严格依法办事，不得超越职权、滥用职权，不得侵犯个人和组织的合法权益。

国家安全机关及其工作人员依法履行反间谍工作

职责获取的个人和组织的信息，只能用于反间谍工作。对属于国家秘密、工作秘密、商业秘密和个人隐私、个人信息的，应当保密。

第二章　安全防范

第十二条　国家机关、人民团体、企业事业组织和其他社会组织承担本单位反间谍安全防范工作的主体责任，落实反间谍安全防范措施，对本单位的人员进行维护国家安全的教育，动员、组织本单位的人员防范、制止间谍行为。

地方各级人民政府、相关行业主管部门按照职责分工，管理本行政区域、本行业有关反间谍安全防范工作。

国家安全机关依法协调指导、监督检查反间谍安全防范工作。

第十三条　各级人民政府和有关部门应当组织开展反间谍安全防范宣传教育，将反间谍安全防范知识纳入教育、培训、普法宣传内容，增强全民反间谍安全防范意识和国家安全素养。

新闻、广播、电视、文化、互联网信息服务等单位，应当面向社会有针对性地开展反间谍宣传教育。

国家安全机关应当根据反间谍安全防范形势，指导有关单位开展反间谍宣传教育活动，提高防范意识和能力。

第十四条 任何个人和组织都不得非法获取、持有属于国家秘密的文件、数据、资料、物品。

第十五条 任何个人和组织都不得非法生产、销售、持有、使用间谍活动特殊需要的专用间谍器材。专用间谍器材由国务院国家安全主管部门依照国家有关规定确认。

第十六条 任何公民和组织发现间谍行为，应当及时向国家安全机关举报；向公安机关等其他国家机关、组织举报的，相关国家机关、组织应当立即移送国家安全机关处理。

国家安全机关应当将受理举报的电话、信箱、网络平台等向社会公开，依法及时处理举报信息，并为举报人保密。

第十七条 国家建立反间谍安全防范重点单位管理制度。

反间谍安全防范重点单位应当建立反间谍安全防范工作制度，履行反间谍安全防范工作要求，明确内设职能部门和人员承担反间谍安全防范职责。

第十八条 反间谍安全防范重点单位应当加强对工作人员反间谍安全防范的教育和管理，对离岗离职人员脱密期内履行反间谍安全防范义务的情况进行监督检查。

第十九条 反间谍安全防范重点单位应当加强对涉密事项、场所、载体等的日常安全防范管理，采取隔离加固、封闭管理、设置警戒等反间谍物理防范措施。

第二十条 反间谍安全防范重点单位应当按照反间谍技术防范的要求和标准，采取相应的技术措施和其他必要措施，加强对要害部门部位、网络设施、信息系统的反间谍技术防范。

第二十一条 在重要国家机关、国防军工单位和其他重要涉密单位以及重要军事设施的周边安全控制区域内新建、改建、扩建建设项目的，由国家安全机关实施涉及国家安全事项的建设项目许可。

县级以上地方各级人民政府编制国民经济和社会发展规划、国土空间规划等有关规划，应当充分考虑国家安全因素和划定的安全控制区域，征求国家安全机关的意见。

安全控制区域的划定应当统筹发展和安全，坚持科学合理、确有必要的原则，由国家安全机关会同发展改革、自然资源、住房城乡建设、保密、国防科技工业等部门以及军队有关部门共同划定，报省、自治区、直辖市人民政府批准并动态调整。

涉及国家安全事项的建设项目许可的具体实施办法，由国务院国家安全主管部门会同有关部门制定。

第二十二条 国家安全机关根据反间谍工作需要，可以会同有关部门制定反间谍技术防范标准，指导有关单位落实反间谍技术防范措施，对存在隐患的单位，经过严格的批准手续，可以进行反间谍技术防范检查和检测。

第三章 调查处置

第二十三条 国家安全机关在反间谍工作中依法行使本法和有关法律规定的职权。

第二十四条 国家安全机关工作人员依法执行反间谍工作任务时，依照规定出示工作证件，可以查验中国公民或者境外人员的身份证明，向有关个人和组织问询有关情况，对身份不明、有间谍行为嫌疑的人员，可以查看其随带物品。

第二十五条 国家安全机关工作人员依法执行反间谍工作任务时，经设区的市级以上国家安全机关负责人批准，出示工作证件，可以查验有关个人和组织的电子设备、设施及有关程序、工具。查验中发现存在危害国家安全情形的，国家安全机关应当责令其采取措施立即整改。拒绝整改或者整改后仍存在危害国家安全隐患的，可以予以查封、扣押。

对依照前款规定查封、扣押的电子设备、设施及有关程序、工具，在危害国家安全的情形消除后，国家安全机关应当及时解除查封、扣押。

第二十六条 国家安全机关工作人员依法执行反间谍工作任务时，根据国家有关规定，经设区的市级以上国家安全机关负责人批准，可以查阅、调取有关的文件、数据、资料、物品，有关个人和组织应当予以配合。查阅、调取不得超出执行反间谍工作任务所需的范围和限度。

第二十七条 需要传唤违反本法的人员接受调查的，经国家安全机关办案部门负责人批准，使用传唤证传唤。对现场发现的违反本法的人员，国家安全机关工作人员依照规定出示工作证件，可以口头传唤，但应当在询问笔录中注明。传唤的原因和依据应当告知被传唤人。对无正当理由拒不接受传唤或者逃避传唤的人，可以强制传唤。

国家安全机关应当在被传唤人所在市、县内的指定地点或者其住所进行询问。

国家安全机关对被传唤人应当及时询问查证。询问查证的时间不得超过八小时；情况复杂，可能适用行政拘留或者涉嫌犯罪的，询问查证的时间不得超过二十四小时。国家安全机关应当为被传唤人提供必要的饮食和休息时间。严禁连续传唤。

除无法通知或者可能妨碍调查的情形以外，国家安全机关应当及时将传唤的原因通知被传唤人家属。在上述情形消失后，应当立即通知被传唤人家属。

第二十八条 国家安全机关调查间谍行为，经设区的市级以上国家安全机关负责人批准，可以依法对涉嫌间谍行为的人身、物品、场所进行检查。

检查女性身体的，应当由女性工作人员进行。

第二十九条 国家安全机关调查间谍行为，经设区的市级以上国家安全机关负责人批准，可以查询涉嫌间谍行为人员的相关财产信息。

第三十条 国家安全机关调查间谍行为，经设区的市级以上国家安全机关负责人批准，可以对涉嫌用于间谍行为的场所、设施或者财物依法查封、扣押、冻结；不得查封、扣押、冻结与被调查的间谍行为无关的场所、设施或者财物。

第三十一条 国家安全机关工作人员在反间谍工作中采取查阅、调取、传唤、检查、查询、查封、扣押、冻结等措施，应当由二人以上进行，依照有关规定出示工作证件及相关法律文书，并由相关人员在有关笔录等书面材料上签名、盖章。

国家安全机关工作人员进行检查、查封、扣押等重要取证工作，应当对全过程进行录音录像，留存备查。

第三十二条 在国家安全机关调查了解有关间谍行为的情况、收集有关证据时，有关个人和组织应当如实提供，不得拒绝。

第三十三条 对出境后可能对国家安全造成危害，或者对国家利益造成重大损失的中国公民，国务院国家安全主管部门可以决定其在一定期限内不准出境，并通知移民管理机构。

对涉嫌间谍行为人员，省级以上国家安全机关可以通知移民管理机构不准其出境。

第三十四条 对入境后可能进行危害中华人民共

和国国家安全活动的境外人员，国务院国家安全主管部门可以通知移民管理机构不准其入境。

第三十五条 对国家安全机关通知不准出境或者不准入境的人员，移民管理机构应当按照国家有关规定执行；不准出境、入境情形消失的，国家安全机关应当及时撤销不准出境、入境决定，并通知移民管理机构。

第三十六条 国家安全机关发现涉及间谍行为的网络信息内容或者网络攻击等风险，应当依照《中华人民共和国网络安全法》规定的职责分工，及时通报有关部门，由其依法处置或者责令电信业务经营者、互联网服务提供者及时采取修复漏洞、加固网络防护、停止传输、消除程序和内容、暂停相关服务、下架相关应用、关闭相关网站等措施，保存相关记录。情况紧急，不立即采取措施将对国家安全造成严重危害的，由国家安全机关责令有关单位修复漏洞、停止相关传输、暂停相关服务，并通报有关部门。

经采取相关措施，上述信息内容或者风险已经消除的，国家安全机关和有关部门应当及时作出恢复相关传输和服务的决定。

第三十七条 国家安全机关因反间谍工作需要，

根据国家有关规定，经过严格的批准手续，可以采取技术侦察措施和身份保护措施。

第三十八条 对违反本法规定，涉嫌犯罪，需要对有关事项是否属于国家秘密或者情报进行鉴定以及需要对危害后果进行评估的，由国家保密部门或者省、自治区、直辖市保密部门按照程序在一定期限内进行鉴定和组织评估。

第三十九条 国家安全机关经调查，发现间谍行为涉嫌犯罪的，应当依照《中华人民共和国刑事诉讼法》的规定立案侦查。

第四章 保障与监督

第四十条 国家安全机关工作人员依法履行职责，受法律保护。

第四十一条 国家安全机关依法调查间谍行为，邮政、快递等物流运营单位和电信业务经营者、互联网服务提供者应当提供必要的支持和协助。

第四十二条 国家安全机关工作人员因执行紧急任务需要，经出示工作证件，享有优先乘坐公共交通工具、优先通行等通行便利。

第四十三条 国家安全机关工作人员依法执行任务时，依照规定出示工作证件，可以进入有关场所、单位；根据国家有关规定，经过批准，出示工作证件，可以进入限制进入的有关地区、场所、单位。

第四十四条 国家安全机关因反间谍工作需要，根据国家有关规定，可以优先使用或者依法征用国家机关、人民团体、企业事业组织和其他社会组织以及个人的交通工具、通信工具、场地和建筑物等，必要时可以设置相关工作场所和设施设备，任务完成后应当及时归还或者恢复原状，并依照规定支付相应费用；造成损失的，应当给予补偿。

第四十五条 国家安全机关因反间谍工作需要，根据国家有关规定，可以提请海关、移民管理等检查机关对有关人员提供通关便利，对有关资料、器材等予以免检。有关检查机关应当依法予以协助。

第四十六条 国家安全机关工作人员因执行任务，或者个人因协助执行反间谍工作任务，本人或者其近亲属的人身安全受到威胁时，国家安全机关应当会同有关部门依法采取必要措施，予以保护、营救。

个人因支持、协助反间谍工作，本人或者其近亲属的人身安全面临危险的，可以向国家安全机关请求予以保护。国家安全机关应当会同有关部门依法采取保护措施。

个人和组织因支持、协助反间谍工作导致财产损失的，根据国家有关规定给予补偿。

第四十七条 对为反间谍工作做出贡献并需要安置的人员，国家给予妥善安置。

公安、民政、财政、卫生健康、教育、人力资源和社会保障、退役军人事务、医疗保障、移民管理等有关部门以及国有企业事业单位应当协助国家安全机关做好安置工作。

第四十八条 对因开展反间谍工作或者支持、协助反间谍工作导致伤残或者牺牲、死亡的人员，根据国家有关规定给予相应的抚恤优待。

第四十九条 国家鼓励反间谍领域科技创新，发挥科技在反间谍工作中的作用。

第五十条 国家安全机关应当加强反间谍专业力量人才队伍建设和专业训练，提升反间谍工作能力。

对国家安全机关工作人员应当有计划地进行政治、理论和业务培训。培训应当坚持理论联系实际、按需施教、讲求实效，提高专业能力。

第五十一条 国家安全机关应当严格执行内部监

督和安全审查制度，对其工作人员遵守法律和纪律等情况进行监督，并依法采取必要措施，定期或者不定期进行安全审查。

第五十二条 任何个人和组织对国家安全机关及其工作人员超越职权、滥用职权和其他违法行为，都有权向上级国家安全机关或者监察机关、人民检察院等有关部门检举、控告。受理检举、控告的国家安全机关或者监察机关、人民检察院等有关部门应当及时查清事实，依法处理，并将处理结果及时告知检举人、控告人。

对支持、协助国家安全机关工作或者依法检举、控告的个人和组织，任何个人和组织不得压制和打击报复。

第五章 法律责任

第五十三条 实施间谍行为，构成犯罪的，依法追究刑事责任。

第五十四条 个人实施间谍行为，尚不构成犯罪的，由国家安全机关予以警告或者处十五日以下行政拘留，单处或者并处五万元以下罚款，违法所得在五万元以上的，单处或者并处违法所得一倍以上五倍以下罚款，并可以由有关部门依法予以处分。

明知他人实施间谍行为，为其提供信息、资金、物资、劳务、技术、场所等支持、协助，或者窝藏、包庇，尚不构成犯罪的，依照前款的规定处罚。

单位有前两款行为的，由国家安全机关予以警告，单处或者并处五十万元以下罚款，违法所得在五十万元以上的，单处或者并处违法所得一倍以上五倍以下罚款，并对直接负责的主管人员和其他直接责任人员，依照第一款的规定处罚。

国家安全机关根据相关单位、人员违法情节和后果，可以建议有关主管部门依法责令停止从事相关业务、提供相关服务或者责令停产停业、吊销有关证照、撤销登记。有关主管部门应当将作出行政处理的情况及时反馈国家安全机关。

第五十五条 实施间谍行为，有自首或者立功表现的，可以从轻、减轻或者免除处罚；有重大立功表现的，给予奖励。

在境外受胁迫或者受诱骗参加间谍组织、敌对组织，从事危害中华人民共和国国家安全的活动，及时向中华人民共和国驻外机构如实说明情况，或者入境后直接或者通过所在单位及时向国家安全机关如实说明情况，并有悔改表现的，可以不予追究。

第五十六条 国家机关、人民团体、企业事业组织和其他社会组织未按照本法规定履行反间谍安全防范义务的，国家安全机关可以责令改正；未按照要求改正的，国家安全机关可以约谈相关负责人，必要时可以将约谈情况通报该单位上级主管部门；产生危害后果或者不良影响的，国家安全机关可以予以警告、通报批评；情节严重的，对负有责任的领导人员和直接责任人员，由有关部门依法予以处分。

第五十七条 违反本法第二十一条规定新建、改建、扩建建设项目的，由国家安全机关责令改正，予以警告；拒不改正或者情节严重的，责令停止建设或者使用、暂扣或者吊销许可证件，或者建议有关主管部门依法予以处理。

第五十八条 违反本法第四十一条规定的，由国家安全机关责令改正，予以警告或者通报批评；拒不改正或者情节严重的，由有关主管部门依照相关法律法规予以处罚。

第五十九条 违反本法规定，拒不配合数据调取的，由国家安全机关依照《中华人民共和国数据安全法》的有关规定予以处罚。

第六十条 违反本法规定，有下列行为之一，构成犯罪的，依法追究刑事责任；尚不构成犯罪的，由国家安全机关予以警告或者处十日以下行政拘留，可以并处三万元以下罚款：

（一）泄露有关反间谍工作的国家秘密；

（二）明知他人有间谍犯罪行为，在国家安全机关向其调查有关情况、收集有关证据时，拒绝提供；

（三）故意阻碍国家安全机关依法执行任务；

（四）隐藏、转移、变卖、损毁国家安全机关依法查封、扣押、冻结的财物；

（五）明知是间谍行为的涉案财物而窝藏、转移、收购、代为销售或者以其他方法掩饰、隐瞒；

（六）对依法支持、协助国家安全机关工作的个人和组织进行打击报复。

第六十一条 非法获取、持有属于国家秘密的文件、数据、资料、物品，以及非法生产、销售、持有、使用专用间谍器材，尚不构成犯罪的，由国家安全机关予以警告或者处十日以下行政拘留。

第六十二条 国家安全机关对依照本法查封、扣押、冻结的财物，应当妥善保管，并按照下列情形分别处理：

（一）涉嫌犯罪的，依照《中华人民共和国刑事诉讼法》等有关法律的规定处理；

（二）尚不构成犯罪，有违法事实的，对依法应当没收的予以没收，依法应当销毁的予以销毁；

（三）没有违法事实的，或者与案件无关的，应当解除查封、扣押、冻结，并及时返还相关财物；造成损失的，应当依法予以赔偿。

第六十三条　涉案财物符合下列情形之一的，应当依法予以追缴、没收，或者采取措施消除隐患：

（一）违法所得的财物及其孳息、收益，供实施间谍行为所用的本人财物；

（二）非法获取、持有的属于国家秘密的文件、数据、资料、物品；

（三）非法生产、销售、持有、使用的专用间谍器材。

第六十四条　行为人及其近亲属或者其他相关人员，因行为人实施间谍行为从间谍组织及其代理人获取的所有利益，由国家安全机关依法采取追缴、没收等措施。

第六十五条　国家安全机关依法收缴的罚款以及

没收的财物，一律上缴国库。

第六十六条 境外人员违反本法的，国务院国家安全主管部门可以决定限期出境，并决定其不准入境的期限。未在规定期限内离境的，可以遣送出境。

对违反本法的境外人员，国务院国家安全主管部门决定驱逐出境的，自被驱逐出境之日起十年内不准入境，国务院国家安全主管部门的处罚决定为最终决定。

第六十七条 国家安全机关作出行政处罚决定之前，应当告知当事人拟作出的行政处罚内容及事实、理由、依据，以及当事人依法享有的陈述、申辩、要求听证等权利，并依照《中华人民共和国行政处罚法》的有关规定实施。

第六十八条 当事人对行政处罚决定、行政强制措施决定、行政许可决定不服的，可以自收到决定书之日起六十日内，依法申请复议；对复议决定不服的，可以自收到复议决定书之日起十五日内，依法向人民法院提起诉讼。

第六十九条 国家安全机关工作人员滥用职权、玩忽职守、徇私舞弊，或者有非法拘禁、刑讯逼供、暴力取证、违反规定泄露国家秘密、工作秘密、商业秘密和个人隐私、个人信息等行为，依法予以处分，构成犯罪的，依法追究刑事责任。

第六章　附　　则

第七十条　国家安全机关依照法律、行政法规和国家有关规定，履行防范、制止和惩治间谍行为以外的危害国家安全行为的职责，适用本法的有关规定。

公安机关在依法履行职责过程中发现、惩治危害国家安全的行为，适用本法的有关规定。

第七十一条　本法自 2023 年 7 月 1 日起施行。

涉及国家安全事项的
建设项目许可管理规定

（2025 年 1 月 15 日中华人民共和国国家安全部、中华人民共和国国家发展和改革委员会、中华人民共和国自然资源部、中华人民共和国住房和城乡建设部令第 5 号公布　自 2025 年 3 月 1 日起施行）

第一章　总　　则

第一条　为了规范涉及国家安全事项的建设项目许可管理工作，防范制止间谍行为，维护国家安全，根据《中华人民共和国国家安全法》《中华人民共和国反间谍法》和《中华人民共和国行政许可法》等法律法规，制定本规定。

第二条　本规定所称涉及国家安全事项的建设项目，是指在中华人民共和国境内重要国家机关、国防军工单位和其他重要涉密单位以及重要军事设施的周边安全控制区域内的建设项目。本规定所称建设项目，是指土木、建筑等工程类建设项目。

第三条 涉及国家安全事项的建设项目新建、改建、扩建的，应当依照本规定取得国家安全机关许可，并接受监督管理。

第四条 涉及国家安全事项的建设项目许可管理工作应当坚持总体国家安全观，统筹发展和安全，遵循依法管理、积极防范、突出重点、便利高效的原则，以高水平安全保障高质量发展。

第五条 国务院国家安全主管部门负责全国涉及国家安全事项的建设项目许可管理。

省级国家安全机关负责组织本行政区域内安全控制区域划定、调整。

设区的市级国家安全机关对本行政区域内涉及国家安全事项的建设项目实施许可，并开展日常管理工作。

发展改革、自然资源、住房城乡建设等有关部门在职责范围内配合共同做好涉及国家安全事项的建设项目许可管理工作。

第六条 国家安全机关应当加强与发展改革、自然资源、住房城乡建设等部门以及国防动员委员会的办事机构协作，健全完善有关工作机制，做好与上述部门、机构有关工作制度的衔接。

第二章　安全控制区域管理

第七条　省级国家安全机关应当依照《反间谍法》第二十一条的要求和有关标准，会同当地发展改革、自然资源、住房城乡建设、保密、国防科技工业等部门以及国防动员委员会的办事机构、军队有关部门，确定需划设安全控制区域的位置及范围，报省、自治区、直辖市人民政府批准。

第八条　安全控制区域经省、自治区、直辖市人民政府批准后，省、设区的市级国家安全机关应当将安全控制区域划定、调整情况通报同级发展改革、自然资源、住房城乡建设、保密、国防科技工业等部门以及国防动员委员会的办事机构、军队有关部门掌握，并将安全控制区域的范围告知有关重要国家机关、国防军工单位和其他重要涉密单位以及重要军事设施管理单位。

第九条　县级以上地方各级人民政府编制国民经济和社会发展规划、国土空间规划等有关规划，应当充分考虑国家安全因素和划定的安全控制区域，征求国家安全机关的意见，国家安全机关应当提出规划、建设方面的安全防范要求。

第十条 省级国家安全机关应当根据重要国家机关、国防军工单位和其他重要涉密单位以及重要军事设施设立、变更、撤销等变化情况，依照本规定第七条规定，动态调整安全控制区域。

第三章 涉及国家安全事项的建设项目许可

第十一条 涉及国家安全事项的建设项目属于新建的，申请人为项目投资人；属于改建、扩建的，申请人为项目所有人。

第十二条 对于涉及国家安全事项的建设项目，申请人申办建设工程规划许可证、乡村建设规划许可证的，应当同步向国家安全机关申请涉及国家安全事项的建设项目许可。

依法无需办理前述规划许可的，申请人应当在开工建设之前向国家安全机关申请涉及国家安全事项的建设项目许可。

国家安全机关应当公布受理许可的途径和联系方

式，推进信息共享和网上办理，在办理许可过程中不收取任何费用。除涉及国家秘密的建设项目外，国家安全机关应当依托全国一体化政务服务平台，加强与发展改革、自然资源、住房城乡建设等部门审批监管平台信息共享，推进并联审批，加强衔接联动。

第十三条 申请涉及国家安全事项的建设项目许可时，申请人应当根据建设项目的具体情况提交下列材料：

（一）涉及国家安全事项的建设项目许可申请书；

（二）申请人为法人或者非法人组织的，应当提交企业营业执照或者组织注册登记证书以及法定代表人或者组织负责人的有效身份证明；申请人为自然人的，应当提交个人有效身份证明，非法定代表人、组织负责人、自然人本人办理的，需提供授权材料及受委托人的有效身份证明；

（三）建设项目功能、用途、地址以及投资人、所有人股权结构、实际控制人情况说明；

（四）建设项目设计说明及相关图纸；

（五）建设项目已取得的有关部门审批、核准、备案文件。

国家安全机关可以通过信息共享方式获取相关申

请材料的，不再要求申请人提供。

第十四条 国家安全机关对许可申请，应当根据下列情况分别作出处理：

（一）申请事项属于国家安全机关职权范围，申请材料齐全，符合法定形式，应当予以受理，并出具书面凭证，申请材料不齐全或者不符合法定形式的，应当当场或者五个工作日内一次性告知申请人需要补正的全部内容，逾期未告知的，自收到申请材料之日起即为受理；申请材料存在可以当场更正错误的，应当允许申请人当场更正；

（二）申请事项不属于国家安全机关职权范围的，应当即时作出不予受理的决定，出具不予受理的书面凭证，并告知申请人向有关行政机关申请；

（三）申请事项依法不需要取得国家安全机关行政许可的，应当即时告知申请人不受理。

依托地方相关政务平台实施网上受理的，受理凭证以地方政府、相关部门规定式样为准。

第十五条 受理申请后，国家安全机关应当综合考虑涉密单位涉密情形、与建设项目的位置距离关系、周边环境、已采取防范措施等因素，根据有关工作规范，对建设项目功能用途、建设方案、管理使用等方面进行审查，评估建设项目被利用实施危害国家安全行为的风险和可以采取的安全防范措施。

需要实地踏勘的，应当指派两名以上国家安全机关工作人员共同进行。

第十六条 审查过程中，国家安全机关发现申请事项直接关系重要国家机关、国防军工单位、其他重要涉密单位、重要军事设施所属单位以及他人重大利益的，应当听取申请人、利害关系人的意见，并告知申请人、利害关系人享有听证的权利。申请人、利害关系人在被告知听证权利之日起五日内提出听证申请的，在安全保密前提下，国家安全机关应当在二十日内组织听证。

国家安全机关应当根据听证中认定的事实作出决定。

第十七条 对申请事项涉及的专业领域问题，国家安全机关可以组织检测、鉴定和专家评审，在检测、鉴定和专家评审基础上作出许可决定。

第十八条 国家安全机关应当自受理申请之日起二十个工作日内作出许可决定。二十个工作日内不能作出许可决定的，经本级国家安全机关负责人批准，可以延长十个工作日，并应将延长期限的理由告知申请人。

审查过程中，需要进行检测、鉴定、听证和专家评审的时间不计算在前款规定的期限内，国家安全机关应当将所需时间书面告知申请人。

第十九条 国家安全机关根据以下不同情况作出书面许可决定：

（一）建设项目符合维护国家安全要求的，应当准予许可；

（二）建设项目存在危害国家安全隐患，采取安全防范措施后可以消除风险的，国家安全机关应当提出安全防范措施要求，申请人将落实防范措施方案报国家安全机关审核同意的，应当准予许可；

（三）建设项目存在危害国家安全隐患，且无法通过采取安全防范措施消除风险的，应当不予许可，并说明理由。

国家安全机关作出准予许可决定的，应当告知被许可人需接受监督管理的有关事项。

第二十条 当事人对行政许可决定不服的，可以自收到决定书之日起六十日内，依法申请复议；对复议决定不服的，可以自收到复议决定书之日起十五日内，依法向人民法院提起诉讼。

第二十一条 被许可人变更涉及国家安全事项的

建设项目名称、功能、用途、地址、设计方案以及项目投资人、所有人等要素的，应当在变更前向作出许可决定的国家安全机关提出申请。

国家安全机关审查后，认为变更事项不会导致原许可决定实质内容发生改变的，应当在三个工作日内依法办理变更手续；认为变更事项导致原许可决定实质内容发生改变，影响国家安全的，应当依照本规定重新审查并依法作出予以变更或不予变更的决定。

第二十二条 有下列情形之一的，国家安全机关应当依法办理许可注销手续：

（一）许可被依法撤销、撤回，或者相关许可证件被依法吊销的；

（二）因安全控制区域调整等客观情况变化，导致被许可项目不再属于许可管理范围的；

（三）因不可抗力导致许可事项无法实施的；

（四）法律、法规规定的应当注销的其他情形。

第四章 涉及国家安全事项的建设项目监督管理

第二十三条 涉及国家安全事项的建设项目投资

人、所有人、管理人、使用人应当按照许可确定的条件进行项目建设、管理、使用，自觉履行维护国家安全义务，接受国家安全机关的监督检查，保守所知悉的国家秘密。

涉及国家安全事项的建设项目投资人、所有人、管理人、使用人发生变更前，有关单位和人员应当将许可确定的条件告知拟变更的投资人、所有人、管理人、使用人。

第二十四条 涉及国家安全事项的建设项目进行竣工验收时，申请人应当同步向作出许可决定的国家安全机关提出申请，对建设项目落实安全防范措施要求进行验收。验收合格的，方可投入使用。

第二十五条 涉及国家安全事项的建设项目采取的安全防范措施，项目投资人、所有人、管理人、使用人不得擅自停用、损毁或者拆除，确需变更、调整的，应当及时向国家安全机关报告。

第二十六条 对涉及国家安全事项的建设项目遵守许可情况和落实安全防范措施情况，经设区的市级以上国家安全机关负责人批准，国家安全机关可以采取以下监督检查措施：

（一）向有关单位和人员了解情况；

（二）调阅有关资料；

（三）听取有关工作说明；

（四）进入有关单位、场所实地查看。

国家安全机关开展监督检查时，不得妨碍有关单位和人员正常的生产经营活动，有关单位和人员应当提供与监督检查工作相关的必要协助和便利条件。

国家安全机关对监督检查工作中知悉的商业秘密、个人隐私负有保密义务。

第二十七条　国家安全机关应当根据部门职责，向发展改革、自然资源、住房城乡建设部门，通报涉及国家安全事项的建设项目许可决定以及采取的安全防范措施，并同时告知与许可决定有关的重要国家机关、国防军工单位和其他重要涉密单位以及重要军事设施管理单位。

发展改革、自然资源、住房城乡建设部门应当依据国家安全机关通报情况，在职权范围内协助国家安全机关对涉及国家安全事项的建设项目建设、管理、使用等活动进行监督管理，发现违反本规定的行为，及时通报国家安全机关，并依法处置。

第二十八条　因安全控制区域划定和调整，新划入安全控制区域内的在建或已建的建设项目，国家安全机关可以依照本规定实施监督检查，依法指导相关建设项目投资人、所有人、管理人、使用人落实反间谍安全防范责任。

第二十九条 任何单位和人员发现涉及国家安全事项的建设项目在建设、管理、使用等活动中有违反本规定的情况，应当及时向国家安全机关举报。

国家安全机关应当对举报的单位、人员信息予以保密，对提供重要情况、作出突出贡献的单位和人员，按照国家有关规定给予表彰和奖励。

第三十条 任何单位和人员对国家安全机关及其工作人员在涉及国家安全事项的建设项目许可管理工作中的违法违纪行为，有权向上级国家安全机关或者监察机关、人民检察院提出检举、控告。

第五章 法律责任

第三十一条 申请人隐瞒有关情况或者提供虚假材料申请许可的，国家安全机关不予受理或者不予许可，并给予警告。

第三十二条 以欺骗、贿赂等不正当手段取得许可的，国家安全机关责令停止建设或者使用，撤销已作出的许可。

第三十三条 未取得许可，擅自新建、改建、扩建建设项目的，国家安全机关予以警告。经采取安全防范措施能够符合维护国家安全要求的，责令限期改正；拒不改正、无法改正、或者存在其他严重情形的，责令停止建设或者使用，或者建议有关主管部门依法予以处理。

第三十四条 有下列情形之一的，国家安全机关予以警告，责令限期改正：

（一）擅自变更许可确定的条件进行建设、管理、使用的；

（二）未经验收，擅自投入使用的；

（三）擅自停用、损毁或者拆除安全防范措施的。

经国家安全机关责令限期改正，逾期未完成改正的，暂扣许可证件；拒不改正或者无法改正的，责令停止建设或者使用，吊销已发放的许可证件，或者建议有关主管部门依法予以处理。

第三十五条 国家机关、人民团体、企业事业组织和其他社会组织违反本规定的，国家安全机关可以依据《反间谍法》第五十六条约谈相关负责人，必要时进行通报。

第三十六条　在涉及国家安全事项的建设项目许可管理活动中违反发展改革、自然资源、住房城乡建设、国防动员等领域法律、法规、规章和有关规定的，由发展改革、自然资源、住房城乡建设等部门以及国防动员委员会的办事机构依法处理。

第三十七条　国家机关工作人员在涉及国家安全事项的建设项目许可管理工作中滥用职权、玩忽职守、徇私舞弊，依法给予处分；构成犯罪的，依法追究刑事责任。

第六章　附　　则

第三十八条　本规定自2025年3月1日起施行。